AF233774

LE TARENTASSE.

LA VIE DE LA PLAINE

DÉSERT. — STEPPE. — PRAIRIE.

I

La plaine, sous ses divers aspects, occupe une grande partie de la surface terrestre. Ses traits les plus distinctifs s'accusent dans le *désert*, le
steppe, la *prairie*. Chacune de ces trois physionomies du sol, plus ou moins
recouvert de végétation, a son caractère particulier, mais il arrive
qu'en certains points du globe ces différences disparaissent. Ainsi l'ari-
dité et les sables mouvants de telle région de l'Afrique septentrionale se retrouvent dans tel site stérile de l'Asie centrale, dans telle
étendue de l'Amérique où se constate le manque extrême de vie végétale
et d'eau. Le vaste plateau du Colorado, au nord de l'Arizona, n'était autrefois praticable que par une voie jalonnée de poteaux grâce aux marchands mexicains, mais aussi périlleuse pour eux que le fut pendant des
siècles, avant la conquête russe, la route unique accessible dans le
Turkestan aux caravanes, qui y mouraient, hommes et bêtes, fatalement
de faim et de soif, marquant de leurs ossements blanchis le chemin suivi
vers un but inatteint. Le Gobi, dans la Mongolie, a été le tombeau
d'hécatombes humaines aussi nombreuses que celles qui périrent sous
Cambyse dans la Lybie avant d'arriver en Ethiopie. Et voici d'autres
analogies entre le désert, le steppe, la prairie : tous trois ont des oasis,
tous trois offrent au voyageur les décevantes illusions du mirage, tous

trois sont habités par des peuplades errantes, belliqueuses et pillardes.
Cependant les similitudes ne sont nulle part absolument identiques :
dans le désert il n'y a de propre à la culture que l'oasis; dans le steppe on
peut faire paître des troupeaux partout et transformer maints endroits en
champs ensemencés; dans la prairie, pour peu que l'activité de l'homme
s'y emploie, la terre est merveilleusement fertile. Autres contrastes : la
zone du Texas. qui n'est dans l'ensemble qu'une immense plaine entrecoupée de quelques forêts, déjà exploitées et écobuées en grand nombre, a
été colonisée, au cours de ce siècle, dans des conditions admirables,
tandis que les steppes russes, quoique la colonisation y date de bien plus
haut, commencent à peine à être défrichées et tandis que l'exploitation
agricole du désert africain restera sans doute éternellement une chimère.

II

L'Afrique et l'Asie ont le désert; l'Europe et l'Asie, le steppe; les deux
Amériques, la prairie.

Le Sahara (mot arabe signifiant sol dur ou désert) n'est pas, à vrai dire.
comme on l'a cru longtemps, une mer intérieure dont les eaux peu profondes se seraient évaporées sous l'influence d'un soleil ardent et dont les
sables, les argiles, les cailloux roulés auraient élevé peu à peu le fond. C'est
bien plutôt un pays accidenté — comme les autres — ayant ses reliefs et
ses dépressions, hauteurs et vallées, ses fleuves et rivières appartenant à
des bassins définis, mais presque constamment à sec (1). L'erreur, encore
aujourd'hui trop répandue, provient surtout de ce que l'on a confondu
sous une même dénomination les trois natures du sol qui se rencontrent
au Sahara: la *Hamada*, l'*Erg* et la *Sebkha*. Le vrai désert est la Hamada.
Là, point de végétation ni d'animaux : de grandes surfaces désolées.
inhospitalières, calcinées sous un climat torride dont les chaleurs varient
de 40 à 50 degrés (2). L'Erg ou Areg est la région des sables. Ici, partout,
toujours. des dunes à l'horizon, quelques touffes de *drinn* (*anthratherum
pungens*, quelques buissons de *retania*, sorte de genêt arborescent; çà et là
une petite fleur bleue, la *malconna africana*, de rares lézards d'un gris blanc,
la vipère à cornes, quelques gros scarabées, laissant derrière eux des
traînées d'arabesques (3), des fragments roulés de laves, de coquilles de
planorbis, et, sous un enchevêtrement de monstrueux entassements sableux,
toute une ossature rocheuse avec des fonds de vallées relativement basses.
La Sebkha ou le Chott est le bas-fond souvent recouvert de sel cristallin.
telle une nappe de neige ou de gelée blanche qui éblouit les yeux sous sa
réverbération, mais si perfide qu'à certains moments de l'année celui

---

(1) Voir LANIER, *Lectures et analyses de géographie. L'Afrique* (Paris-Belin), p. 364.
— Aug. CHOISY, *le Sahara, Souvenirs d'une mission à Goleah* (Paris-Plon). —
G.-B. FLAMAND, *Note sur la géologie du Sahara* (nord occidental) (*Bull. soc. géol.*,
3e série XXIV, 1896, p. 891-893). — P. VUILLOT, *l'Exploration du Sahara* (Paris-
Challamel). — E. RECLUS, *l'Afrique* (Hachette).

(2) Voir *Zum Klima des Algerischen Sahara* (*Meteoorol-Zeitsch.*, 1893, p. 467)
et WHITE A. SILVA, *le Développement de l'Afrique*, traduction française
(Bruxelles 1894).

(3) Voir *Sahara et Laponie*, par le Cte GOBLET D'ALVIELLA (Paris-Plon). —
F. FOUREAU, *Dans le grand Erg* (Paris-Challamel). — CAZEMAJOU et DUMAS, *A travers l'Erg oriental* (*Bull. soc. géogr. Marseille*, 1895, p. 361-380).

qui s'y hasarde et dévie de la longue ligne droite sur laquelle on ne peut s'avancer qu'un à un s'expose à s'enliser dans la boue (1).

Le désert de Gobi, qui forme toute la région occidentale et centrale dè la Mongolie, est une dépression du sol, du moins en son milieu, auquel les Chinois donnent plus spécialement le nom de Sha-mo, qu'ils appliquent aussi quelquefois à la plaine entière, dont la superficie est de douzè cent mille kilomètres carrés. Le Gobi constitue le dernier anneau de cette longue chaîne de déserts qui traverse l'ancien monde, de l'Atlantique au Pacifique (Sahara, déserts d'Arabie, de Syrie, de Perse et du Turkestan). Deux systèmes de montagnes : l'un au sud, délimitant la Chine; l'autre au nord, confinant à la Sibérie, encaissent le centre du désert, privé d'eau et d'arbres, mais sillonné de bandes de sable jaune et de dunes parfois revêtues d'herbes et de broussailles, qui lui prêtent fréquemment de la ressemblance avec le steppe. Sur tout cet espace, pas une demeure fixe, mais par contre de riches pâtis où les troupeaux vivent en liberté et où, libres comme eux, se transportent d'un point à l'autre, au gré de leur caprice, les hordes de nomades, marchant, suivis de leurs chameaux, compagnons nécessaires, pendant des semaines entières, dans les sentiers tristement monotones qui se déroulent en quelque sorte sans fin. La température y est généralement âpre, principalement dans l'ouest, car les frimas commencent même avant septembre et les froids augmentent progressivement, à tel point qu'ils sont excessifs jusque dans ce que l'on appelle l'été en Mongolie. Les vents glacés soufflent avec violence et presque sans interruption, soulevant les sables en tourbillons d'une hauteur prodigieuse, ou les roulant comme des vagues (2).

III

Le steppe, qui s'étend de la Boukharie jusqu'à la mer d'Aral et à la Caspienne pour se prolonger de là jusqu'à Orenbourg, est la transition de la physionomie physique du sol, d'Asie en Europe, en même temps que la grande route des migrations de peuples d'Orient en Occident. Contrée sèche, sans bois et sans champs, imprégnée de sel, ne produisant que quelques rares graminées, quelques broussailles, ne présentant qu'irré-

---

(1) Moula-Ahmed raconte qu'une caravane de mille chameaux traversait le Chott-el-Djerid, lorsqu'un de ces animaux s'écarta de son chemin; tous les autres le suivirent et disparurent successivement dans la vase. Il ajoute qu'à l'époque où il passa lui-même, un terrain de cent coudées s'enfonça tout à coup, engloutissant les hommes et les animaux qui s'y trouvaient. On a constaté qu'en creusant un trou dans le Chott-el-Djerid, quelle que soit la hauteur de l'endroit choisi, ce trou se remplit jusqu'au bord d'une eau limpide, mais plus salée que celle de la mer. Le fond de ce gouffre est insondable. Un cavalier de Tozeur avait disparu dans un de ces trous; ses compagnons attachèrent bout à bout vingt baguettes de leurs longs fusils, et malgré cette sonde de 20 à 21 mètres ils ne purent atteindre le lit du Chott où leur camarade agonisait. — Ch. Simond, *la Tunisie* (Lecène et Oudin). — Voir aussi Roudaire, *Une Mer intérieure* (*Revue des Deux-Mondes*). — Nachtigal, *Sahara et Soudan* (Hachette).

(2) « Le sable du Sha-mo s'écoule comme une rivière sous le vent », dit le Chinois. Ces ouragans, qui maintiennent en mouvement constant les couches atmosphériques du Gobi, ont souvent, dans les guerres entre Mongols et Chinois, décidé de la victoire en faveur de ceux des combattants qui ne recevaient pas de sable dans les yeux. (C. S.)

gulièrement quelques îlots de verdure invitant au campement, elle fut à toutes les époques trop pauvre pour que les peuples qui s'y arrêtaient quelques années y fissent un séjour définitif. Poussés par le besoin, comme un courant qu'entraîne une impulsion irrésistible, ils franchissaient leurs bornes et allaient inonder les pays voisins, en obéissant, suivant l'expression de Ritter, à la même force végétative qui fait que la plante des bruyères s'étale avec luxuriance dans toutes les directions, pendant que ces mêmes voisins : Mongols, Chinois, Hindous, Persans, plus attachés à leurs foyers, telles des plantes plus propres à un sol choisi, jetaient des racines plus profondes là où ils s'étaient fixés. Mais, jusqu'en ce dernier demi-siècle, quel chemin sinistre que celui parcouru ainsi par les nomades toujours en route, à travers les âges, de Bokhara vers Orenbourg, avec pour première étape le Steppe de la Faim ! Rien que des herbes rares ou des oasis à la végétation naine alternant avec des solitudes dont les sables s'amoncellent en dunes mouvantes; des nuages menaçants pesant sur ces immensités, qui, à la tombée de la nuit, prennent la teinte bleu foncé de la mer. Sur une distance de deux cents lieues au moins, pas un cours d'eau; et là où il s'en dessine un, rompant l'uniformité, il tarit dès l'approche de l'été, le sable le boit et n'en reste qu'un filet mince qui bientôt se perd dans une mare ou dans une flaque. Et non seulement le steppe est infini, mais il gagne sans relâche du terrain. Ainsi l'Oxus déversait autrefois ses eaux dans la mer Caspienne, et il y a plus d'un siècle et demi qu'il débouche dans la mer d'Aral, ensablé dans sa partie méridionale. Vers 1810, un bras de l'Iaxarte communiquait avec la même mer d'Aral, et il y a un demi-siècle que ce bras est complètement desséché. L'été, cette sécheresse est telle; dès le mois de mai, que la moindre imprudence peut allumer un incendie semblable à ceux de la prairie américaine. L'hiver, le froid est excessif; le thermomètre descend jusqu'à 30° Réaumur au-dessous de zéro. Toute caravane qui se risque sur ce chemin, où elle n'a d'autre moyen d'orientation que la boussole, court, été comme hiver, les plus terribles dangers. L'été, point d'eau et des ouragans de sables aussi violents que dans le désert égyptien. L'hiver, une neige épaisse où l'on s'ensevelit vite. « Quand l'ouragan, que les indigènes nomment *bourane*, vient à s'élever, on voit, malgré la sérénité du ciel, le steppe s'obscurcir; en un clin d'œil d'épais tourbillons de sable dérobent la lumière du jour ; la respiration de l'homme est coupée, il perd connaissance. Les chameaux, pressentant l'approche de l'épouvantable fléau, se couchent, allongent leurs cous du côté du vent et crient d'une façon lugubre. Les chevaux effrayés se serrent les uns contre les autres et le voyageur s'arrête et se jette à terre. L'ouragan pousse des masses de sable devant lui, et souvent il semble que des poteaux blancs ou plutôt des colonnes sablonneuses tournent sur elles-mêmes et montent vers le ciel. Les bourrasques de neige sont encore bien plus redoutables : le bourane d'été passe vite, tandis que les ouragans d'hiver durent quelquefois plusieurs jours. Le voyageur qu'ils surprennent en chemin se blottit sous la neige et attend ainsi le beau temps. (1) »

Les steppes appartiennent presque exclusivement au territoire de l'empire russe (2). Les principaux sont :

(1) Bronislas Zaleski, *la Vie des steppes kirghizes* (Paris 1865).
(2) On peut rattacher aux steppes, mais de loin, comme physionomie, avec

1° Le petit et le grand steppe de la région d'Iaroslav, le premier entre Koslov et Tambov, le second entre Tambour et le Chopèr ; tous deux fertiles ;

2° Le steppe du Don, entre le Medveditso et le Chopèr ; pays de dépressions marécageuses, mais propre à la culture ;

3° Le steppe d'Azov, sur les deux rives du Don inférieur jusqu'à la mer d'Azov, région complètement stérile ;

4° Les steppes de la Tauride, y compris ceux d'Otschakov, Wosmesensk, Nogaïsk, riches en marais salins, en huiles minérales, mais en général incultes ;

5° Le steppe de la Kouma, qui, suivant certains géologues, fut probablement le lit primitif de la mer Caspienne, et qui s'étend des sources de la Kouma au sud jusqu'au Terek et à la Caspienne au nord jusqu'au delà de la Serga, à l'ouest jusqu'au Volga. Régions de sables et de lacs salins ;

6° Le steppe Kalmouck, au nord jusqu'à l'Aral, au sud jusqu'à la Caspienne, à l'ouest jusqu'au Volga, à l'est jusqu'au grand Irghiz. Région complètement nue, mais abondante en sources salines ;

7° Le steppe du Terek, vallée du Caucase, s'étendant depuis Terek jusqu'à la Kouma ; sans végétation, mais sol salin ;

8° Le steppe du Kouban, autre vallée du Caucase, également infertile

9° Les steppes kirghizes, bornés à l'est par l'Irtich, au sud par la mer d'Aral et la mer Caspienne, à l'ouest par l'Oural, au nord par le gouvernement général d'Orenbourg, dont ils emprennent une partie. Essentiellement différents de ceux de la Russie méridionale, ces steppes asiatiques présentent avant tout, l'aspect d'un désert. Nulle route tracée ;

10° Les steppes sibériens de Baraba, entre l'Obi et l'Irtich, fertiles et colonisés ; — d'Ischim sur les deux rives de ce cours d'eau depuis le Tobol jusqu'à l'Irtich ; en partie cultivé ; — de Wagaï, entre ce fleuve et le Tobol ; bien en culture, depuis de nombreuses années ; — de l'Iset, dépression de l'Oural oriental, sur l'Iset, jusqu'au Tobal ; en exploitation de longue date et renommé même pour ses mines d'or et d'autres métaux ; — puis, dans la région plus septentrionale, les steppes de l'Obi-Ienisséi, de l'Ienisséi-Léna, de la Léna-Indighirka. Région couverte de neiges éternelles et s'étendant jusqu'à l'Océan glacial arctique (1).

IV

La prairie s'appelle dans l'Amérique du Nord *savane* et dans l'Amérique du Sud *llano* au Venezuela, *pampa* en Argentine. La savane, qu'il ne faut pas confondre avec les plateaux du Far West, où la pluie est rare et par suite la végétation pauvre, s'étend principalement dans la région du Mississipi. Elle est de deux natures : haute ou basse ; cette dernière, humide,

de grandes différences d'aspect, les landes françaises et la grande bruyère de Lunebourg (*Lüneburger Haïde*), qui s'étend de la frontière du Jutland par la Westphalie jusqu'en Néerlande.

(1) Voir, sur les steppes de la Russie, Anatole LEROY-BEAULIEU, *la Russie et les Russes* (*Revue des Deux Mondes*, 15 août 1873) : « Pour le sol, pour la culture et la population, toute la zone déboisée de la Russie méridionale se partage naturellement en trois régions différentes, en trois bandes superposées du nord

marécageuse, malsaine, presque entièrement dépourvue de forêts ; l'autre, au contraire, environnée de hauteurs boisées et entrecoupée çà et là de quelques arbres. Les *llanos* sont les grandes plaines qui, au nord de l'Amérique méridionale, s'étalent tantôt couvertes d'herbes abondantes, tantôt en sables mouvants. Les populations qui les habitent (*llaneros*) se livrent principalement à l'élève du bétail. Elles occupent tout le territoire du Venezuela entre le pied du mont Caracas et l'Orénoque. Cette prairie rappelle par endroits le steppe ; certain géologues et géographes prétendent qu'elle s'étend jusqu'au Marañon, au Rio-Negro et à l'Ucayali. Elle embrasse une superficie unie mesurant plus de 88,000 kilomètres carrés, arrosée de pluies fécondes en avril et fréquemment inondée en juillet. Ces llanos, animés par d'innombrables troupeaux de bœufs, de chevaux, d'ânes, de mulets, en liberté dans les pâturages, sont parfois voisins des villes vénézuéliennes qu'ils arrivent jusqu'à leurs portes. Comme les steppes, ils n'offrent pas d'accidents de terrain et n'ont pas d'arbres, différant ainsi de la région guyanaise, montagneuse et boisée.

La Pampa argentine, qui tire son nom de la langue indigène ou *quichua* (1) (le mot signifie plaine ou vallée), est le désert de verdure, immense, sans limite et sans variété, semblable à la longue vague de l'Atlantique, où les gauchos, ces métis aventureux, ont établi leur demeure et l'on pourrait dire leur royaume. Race à part, née dans la pampa et formée par elle ; type issu des Espagnols et des Indiens ; indépendante comme ceux-ci, oisive comme ceux-là. Sa vie se passe à cheval, soit en gardant ses moutons, en quête du gazon épais et court ; soit en faisant des courses vertigineuses par simple passion de « boire l'air » (2). Le gaucho ne redoute ni le *pampero* qui mugit dans la plaine (3), ni les fièvres qui émanent des *lagunes* ou des *cienegas* (4). La seule chose qu'il évite, par fierté, c'est le travail ; aussi laisse-t-il l'Indien maître de ce désert, d'ailleurs inutile et sans produits.

Charles SIMOND.

au sud-ouest. L'une est la région agricole de la terre noire (le *Tchernoziom*) ; la seconde, celle des steppes à sol fertile ; la troisième, celle des steppes à base sablonneuse ou saline. Les steppes à terre végétale, qui en Europe présentent la plus vaste surface, offrent à l'agriculture un champ dont elle n'a qu'à s'emparer ; les seconds y sont à jamais rebelles.

(1) Emile DAIREAUX, *Buenos-Ayres, la Pampa et la Patagonie* (Paris-Hachette).

(2) Voir *Bibliothèque illustrée des Voyages autour du monde*, n° 9. — Edouard MONTET, *A travers les Pampas* (République argentine).

(3) Le *pampero* est l'orage qui se déchaine sur la pampa avec accompagnement d'éclairs et de pluies diluviennes.

(4) Les *lagunes*, très communes dans la pampa du sud-est, où on les compte par centaines, sont des cuvettes plates, faibles dépressions du sol, dans lesquelles l'eau de pluie se rassemble et qu'elle transforme en bassin. Le fond de presque toutes les lagunes est une vase noirâtre. Les *cienegas* sont de vastes marécages couverts d'une épaisse végétation de roseaux. — Voir H. BURMEISTER.

AOUL EN MARCHE.

LES STEPPES KIRGHIZES

Notre caravane se compose de cinq voitures attelées chacune de trois chevaux en troïka. La première, légère calèche de voyage, est occupée par le général et son aide de camp, le capitaine Alabin; dans la seconde, le prince de Wittgenstein, général aide de camp de Sa Majesté, m'a offert une place à côté de lui; la troisième contient le colonel baron de Sermet, attaché militaire de l'ambassade de France à Saint-Pétersbourg, et le colonel Richter, attaché à la personne du gouverneur général; la quatrième est occupée par l'ordonnance du général, un vieux cosaque du Caucase, et par son secrétaire; la cinquième, enfin, emporte les bagages. Ce train, enlevé au galop, prend la route d'Orsk, qui traverse pendant deux cent soixante verstes un pays habité par les cosaques d'Orenbourg. La contrée est d'un aspect triste; les derniers promontoires des monts Ourals sont pelés; seules, les « stanitzas », villages de cosaques, sont entourées de champs cultivés. Aux relais, l' « attaman » (ancien du village), le plus souvent en uniforme, vient à la rencontre du général et préside au changement des attelages. Nous marchons à raison de quinze verstes à l'heure, c'est-à-dire deux cents verstes par journée, arrêts compris.

Orsk est relié à Tchkent par une voie postale qui vient d'être complètement réorganisée par le général.

Échelonnées sur la route, à des distances qui varient de quinze à trente verstes, se trouvent des stations avec un employé qui enregistre les passants et perçoit les « pragones » (taxes), à raison de trois kopeks (1) par verste et par cheval. Le gouvernement, de son côté, paye par an, pour chaque attelage de trois chevaux, la somme de quatre cents roubles. Les bêtes, bonnes et robustes, viennent d'Aoulié-Ata; elles sont ramassées, mais d'une vigueur remarquable, et enlèvent, à travers les sables et au galop, le tarantasse le plus lourd.

Les départs sont parfois fort émouvants; il faut six, dix Kirghiz, quelquefois davantage, pour tenir une troïka; ils se pendent comme une grappe humaine, qui aux oreilles, qui à la crinière des chevaux : le signal du départ est donné; ceux qui ne lâchent pas à temps ce qu'ils tiennent roulent sur le sol, et « haïda valay » on part en carrière. Si, par malheur, quelque chose se détraque dans le harnachement, il faut voir tout le monde à l'œuvre; malheur au voyageur qui au départ n'est pas parvenu à se raccrocher à la voiture, il risque de courir à pied pendant de nombreuses verstes pour rejoindre son véhicule.

Aujourd'hui, on trouve une chambre passablement propre à chaque station : c'est là que nous prenons trois fois par jour nos repas, composés de conserves et de provisions diverses tirées du fourgon du général, et suivis invariablement du thé, cet indispensable breuvage qui ranime l'esprit et donne au corps une nouvelle force. Les repas réunissent toute la caravane; le général, avec la grande aménité qui le distingue, a mis chacun à son aise; il a banni toute étiquette; on cause, et même très agréablement; tout le monde parle français.

A partir d'Orsk, l'aspect du pays change complètement. Nous entrons dans le steppe : plus de culture, plus de villages; c'est l'immense plaine, domaine du Kirghiz nomade. Après la fonte des neiges, cette partie du steppe se change en beaux pâturages nourrissant d'innombrables troupeaux, richesse de ces nomades; mais bientôt le soleil ardent de l'Orient brûle cette végétation, et l'aspect de la contrée, si riant au printemps, devient aride; ce n'est plus qu'une plaine noire et triste.

J'avais antérieurement parcouru, aux différentes époques de l'année, ces vastes plaines de l'Asie centrale; je les avais vues couvertes de neige par le « bourane » (chasse-neige), qui ensevelit parfois des caravanes entières sous un linceul glacé; alors elles sont effrayantes et lugubres. La température y varie de 30° Réaumur au-dessous de zéro en hiver à 35° de chaleur en été. Telle est la patrie du Kirghiz, patrie qu'il adore et dont il chante les poétiques attraits dans ses improvisations bizarres.

(1) Le kopek vaut 0 fr. 04.

Les Turcomans, Karakalpaks, Kaïzaks, Uzbegs, Kirghiz, qui habitent l'immense dépression aralo-caspienne, diffèrent plus entre eux par la physionomie et les mœurs que par leurs dialectes, qui se rattachent tous à la langue turque.

Les Kirghiz sont les plus nombreux; ils se divisent en Kara-Kirghiz, ou Kirghiz noirs, répandus dans les montagnes de l'Altaï et du Thian-Chan, jusqu'au sud du lac Issi-Koul, et en Kaïzaks ou Kazaks; ceux-ci, au nombre de plus d'un million, sont essentiellement nomades. Ils errent dans une contrée difficile à délimiter, qui s'étend de l'Oural au lac Balkac et de l'Amou-Daria aux confins de la Sibérie.

Qui sont ces Kirghiz et d'où viennent-ils? Eux-mêmes l'ignorent en réalité. Ils prétendent descendre de quarante vierges (*kirk,* quarante, et *kiz,* vierge) et venir des frontières de la Chine; mais ils ne peuvent préciser l'époque de leur première émigration dans le steppe. La première tribu régulièrement organisée fut la « petite horde », descendant de trois familles ou kibitkas : Alimoulin, Bayoulin et Tchetérou. Peu à peu, d'autres émigrants vinrent se fixer dans le grand steppe, occupé jusqu'alors par les Kalmouks, qu'ils chassèrent de ces contrées. Les hommes sont courts, trapus et musculeux; sur un cou de taureau repose une tête osseuse dont voici le signalement : front bas, face large, yeux petits, noirs et bridés; nez épaté, oreilles écartées de la tête, presque pendantes; barbe rare. Paresseux à l'excès, ils considèrent l'obésité comme une marque de noblesse.

Le Kirghiz porte un pantalon en peau ou en velours, dont la couleur disparaît sous les broderies; puis un « bechmet »; ou veste, et enfin le « khalat (1) », espèce de robe de chambre sans poches, dont les manches, d'une longueur démesurée, sont très amples aux épaules et étroites aux extrémités. Ce « khalat », que le riche porte souvent en soie ou en velours couvert de broderies, est en simple cotonnade pour le pauvre. Le grand ceinturon de cuir, que le pauvre remplace par une ceinture également en étoffe de coton, serre ce vêtement à la taille; on y suspend une gibecière, un couteau et un sac contenant de la poudre et de la grenaille.

Quand l'extérieur de son khalat est par trop sale, le Kirghiz le retourne, jusqu'au moment où, à force de l'avoir tourné et retourné, il finit par tomber en loques; la chemise comme le mouchoir de poche brillent le plus souvent par leur absence.

Les Kirghiz se rasent la tête : ils l'ont toujours couverte d'une

---

(1) J'ai employé le *kh* dans l'orthographe française pour tous les termes d'origine turque ou persane dans lesquels la prononciation indigène se rapproche le plus du *ch* guttural allemand précédé de *a, o, u,* du *g* hollandais, du *j* espagnol ou du *x* russe.

petite calotte ronde, parfois richement brodée, entourée en été d'un mouchoir acheté à quelque marchand russe, et qui rappelle imparfaitement le turban. Souvent on les rencontre, en été comme en hiver, coiffés d'un bonnet conique doublé en peau de renard ou d'agneau; plus rarement ils portent un chapeau en feutre blanc, offrant une ressemblance frappante avec les chapeaux pointus que nos enfants se plaisent à faire avec un journal plié triangulairement, et dont les larges bords, relevés par devant, imitent assez bien deux cornes. Cette coiffure se pose tantôt en long, tantôt en large sur la tête, et donne à celui qui la porte l'aspect le plus baroque.

Dans un climat aussi variable que celui du steppe, où l'on peut constater un écart de soixante degrés entre la température de l'été et celle de l'hiver, on pourrait s'attendre à une grande différence entre les vêtements des deux saisons. Il n'en est rien. Il n'y a peut-être pas de peuple au monde plus apte à supporter les intempéries des saisons. J'ai vu des cavaliers m'accompagner en hiver par un froid si vif qu'il me faisait souffrir malgré mes trois pelisses, chevaucher allégrement à mes côtés, vêtus de deux simples petits khalats, au travers desquels, pendant les « bouranes », la neige glacée pénétrait jusqu'à leur peau, et chaussés de misérables bottes en cuir, dans lesquelles il n'y avait souvent pas même de chiffons pour remplacer les chaussettes.

En revanche, le plus pauvre habitant du steppe tient à couvrir dignement sa tête, en hiver, d'un grand capuchon fantastique ayant quelque rapport avec le « bachlik ». Si sa fortune ou sa position sociale lui permettent de porter le khalat richement brodé, il passe par-dessus ce vêtement, lorsqu'il voyage, en été comme en hiver, un khalat en poil de chameau, qui a l'avantage de le protéger contre les intempéries de l'air, et qui de loin le fait participer de l'aspect morne et uniforme de tout ce qui apparaît dans le steppe.

Les femmes, qui rappellent le type mongol, sont mieux faites que les hommes; mais leur costume diffère très peu de celui de leurs maris. Elles portent un khalat en coton ou en soie boukhariote de couleurs voyantes, un pantalon et des bottes. Les jeunes filles laissent flotter leurs cheveux tressés et se coiffent d'un bonnet de fourrure, orné de fleurs, de plumes et de perles. Ce qui caractérise le costume de la femme mariée, qui ne montre jamais ses cheveux, c'est une grande écharpe blanche avec laquelle elle s'entoure la tête, le bas du visage et souvent le buste.

Les cheveux, le plus bel ornement des jeunes filles, se portent en longues nattes, entremêlés de rubans et de pièces de monnaie; s'ils ne sont pas assez longs, elles savent habilement corriger ce défaut à l'aide de crin de cheval.

Les beautés kirghizes adorent toutes le rouge et le blanc de

Boukhara et se maquillent outrageusement; les raffinées même se teignent les ongles en jaune avec du henné. Mais une fois mariées, adieu la toilette et les jeux, adieu surtout la galanterie par laquelle elles débutent dans le monde, au rebours des dames de nos pays civilisés! Leur liberté première fait place à une vie de dévouement et de travail, et le soleil se charge de les couvrir de cette teinte merveilleuse que nos connaisseurs d'antiquités admirent dans les bronzes florentins.

Dès qu'un enfant vient de naître, sa mère le lave à grande eau pendant quarante jours consécutifs, après quoi il est pur et dispensé de toute ablution pour le reste de ses jours. Jusqu'à l'âge de dix ans, le costume des enfants des deux sexes est réduit à sa plus simple expression; les parents se bornent à leur raser la tête, et du 1er janvier au 31 décembre ils sont nus comme la main et sales comme des pourceaux. Les mères les allaitent souvent jusqu'à l'âge de cinq ans.

Le Kirghiz, qui s'appelle lui-même « kazak » (vagabond), est nomade par excellence; tout les essais pour l'habituer à une vie sédentaire ont échoué, excepté sur les confins de la Russie, où il se résigne à vivre dans une maison qu'il s'est bâtie à contre-cœur. Cet enfant de la nature ne se sent véritablement heureux qu'au milieu du steppe sans bornes, où rien n'arrête le regard; les forêts lui inspirent une frayeur indicible; aussi ne se fait-il pas de scrupule de les détruire par le feu, tandis qu'un arbre isolé devient un lieu de pèlerinage sacré. Sa demeure favorite est la « yourte » ou « kibitka », que les femmes dressent ou replient en très peu de temps et qu'on charge facilement sur le dos d'un chameau. C'est une tente circulaire, ressemblant à une ruche d'abeilles, de quatre mètres de diamètre, de trois à quatre mètres de haut, à toit conique, dont la charpente, formée par un treillis de baguettes flexibles, a beaucoup de ressemblance avec ce qu'on appelle vulgairement un cache-pot; les clous sont remplacés par des lanières de cuir. Le toit se fait en attachant sur cette cage cylindrique une série de baguettes arquées, réunies dans un cercle d'un mètre de diamètre, qui forme le sommet de l'édifice. Le tout se recouvre de feutre blanc de deux centimètres d'épaisseur; une pièce de feutre mobile tient lieu de porte.

Le feutre des parois est souvent remplacé, en été, par des nattes en roseaux, au travers desquelles l'air passe librement. Ceux qui n'ont pas le moyen de se procurer ces parois en nattes se bornent, dans les grandes chaleurs, à relever leurs parois de feutre. Le foyer, quelques pierres ou un trépied en fer, se trouve au centre de la tente, et la fumée s'échappe par l'ouverture circulaire ménagée au sommet du toit, servant également de fenêtre, et qu'on peut fermer à volonté.

Il règne toujours cependant une fumée âcre et épaisse dans la partie supérieure de la tente, qui oblige les habitants à se tenir accroupis pour respirer plus librement, et qui est la cause principale des ophtalmies fréquentes dans les steppes.

Ces yourtes, solidement amarrées à de grands piquets fichés en terre, résistent aux plus fortes tempêtes; si le froid devient trop vif, on jette une nouvelle couverture par-dessus la première, et l'on amoncelle de la terre ou de la neige autour de sa base.

L'intérieur de ces habitations est orné de tapis, de vêtements, d'armes, d'ustensiles de ménage et de harnais de chevaux. Le lit, formé de quelques pièces de feutre et de couvertures, se trouve en face de l'entrée; c'est là aussi que se tient la maîtresse du logis.

Les yourtes des pauvres — et presque tous les Kirghiz sont pauvres — brillent par un affreux désordre. On y voit pêle-mêle les ustensiles de cuisine, les bottes, les vêtements, les armes, les selles, les harnais. Ici, point de tapis; la tente est placée sur la terre nue. Quelques lambeaux de feutre ou de peaux de mouton servent de couche aux misérables habitants de ce taudis, plein de fumée, de vermine et de poussière, et souvent, en hiver, ils sont obligés de donner une place à leur foyer aux agneaux, aux veaux et aux jeunes poulains, qui autrement périraient de froid.

Les Kirghiz sont francs, hospitaliers et braves; ils passent leur existence à transférer leurs pénates et leurs troupeaux d'un pâturage à l'autre, remontant en été jusqu'aux limites de la Sibérie, redescendant en hiver jusque sur les bords de l'Amou.

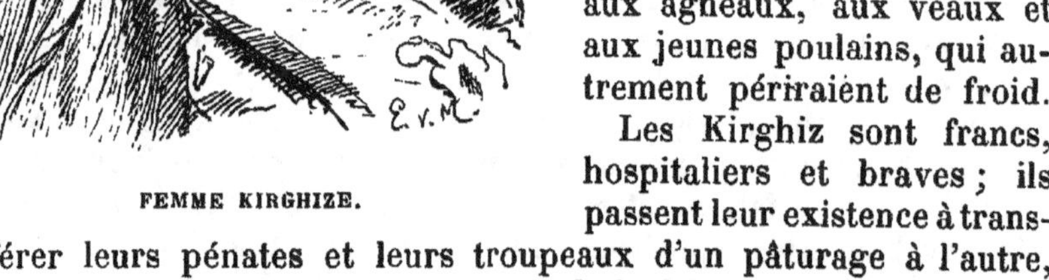

FEMME KIRGHIZE.

Ils établissent leurs « aouls » (campements) près des sources et restent dans un emplacement tant que leurs bêtes y trouvent leur subsistance. La marche d'un aoul en voyage est fort intéressante. Les hommes, d'ordinaire armés, précèdent et flanquent les longues files de chameaux qui transportent leurs familles et leurs pénates. Puis viennent d'innombrables bandes de moutons, les « tabounes » (troupeaux de chevaux), puis d'autres chameaux encore; les haltes ont lieu près des sources. Une heure à peine après l'arrivée, le village est improvisé, les femmes ont dressé les tentes, les grandes marmites sont sur le feu. Les hommes, accrou-

AOUL KIRGHIZ.

pis à terre, se livrent à une contemplation flegmatique de ces scènes animées et du rude travail que les femmes exécutent autour d'eux. En somme, le Kirghiz ne fait rien : il commande; c'est le sexe prétendu faible et beau qui supporte toutes les fatigues, à qui incombe toute la responsabilité.

Quoique ce peuple soit musulman, il est rare de voir deux femmes sous la même tente. Les riches se donnent le luxe de plusieurs épouses, mais ils ont soin de les faire vivre dans différents aouls, ce qui leur permet de se consoler à distance avec une autre épouse, dès qu'une contrariété surgit dans leur vie conjugale. C'est là peut-être le motif pour lequel il n'y a dans le steppe ni divorce ni femme émancipée ou incomprise.

La tribu la plus respectée des Kirghiz est celle des Adaïs, errant dans les steppes situés entre la mer Caspienne et les États du khan de Khiva; c'est la seule qui ait conservé la bravoure et le courage de ses ancêtres. Les « barantas », ou razzias à main armée, qu'il ne faut pas confondre avec les « alamanes » des Turcomans, ne sont pas considérées comme des actes répréhensibles; au contraire, les poètes les chantent comme des faits d'armes glorieux. Protégés par les Khivains, les Kirghiz Adaïs pouvaient se livrer sans crainte à leur sport favori et pousser leurs razzias jusque sur le territoire russe; mais la chute de Khiva a mis fin à cet état de choses. A l'heure qu'il est, les Russes, si habiles à effacer les traits distinctifs des peuples soumis à leur domination, font comprendre aux Adaïs que leurs glorieuses « barantas » sont des vols audacieux, punis sévèrement par la loi.

Ayant des idées très confuses sur la justice, ces nomades admettent encore la composition avec le juge appelée « koune »; il n'est pas rare d'entendre, dans une querelle, un Kirghiz dire à l'autre : « Je ne te crains pas; prends garde, j'ai assez de biens pour payer ta mort. » Le meurtre d'un homme se rachète généralement par six cents têtes de bétail. Le voleur d'un cheval doit payer « pour la queue et la crinière » : la première fois, trois chevaux, et en cas de récidive, six, douze, vingt-quatre chevaux, et ainsi de suite, toujours en doublant le nombre payé précédemment; la femme vaut ordinairement de trente à cent têtes de bétail.

Les Kirghiz racontent une foule de légendes intéressantes sur leur arrivée dans les plaines qu'ils occupent et qui furent jadis habitées par les Kalmouks; en voici une entre autres qui rappelle singulièrement l'histoire de David et de Goliath : Chassés de leurs anciens pâturages par la famine, ils marchèrent vers l'Occident, faisant fuir devant eux les aouls kalmouks. Un jour, ils se virent en face de leurs ennemis, rassemblés en grand nombre et prêts à livrer bataille; les troupeaux, les femmes et les enfants furent mis à l'arrière-garde, et les hommes s'apprêtèrent au combat. Mais, prévoyant un horrible carnage, les chefs des deux camps décidèrent qu'ils choisiraient chacun un guerrier pour terminer leur différend par un combat singulier, le vaincu devant céder au vainqueur les pâturages en litige.

On vit alors sortir du rang des Kalmouks un homme d'une taille et d'une force extraordinaires, armé d'un glaive, et qui fit trembler d'effroi les Kirghiz. Personne ne se présentait pour se mesurer avec le géant, lorsque soudain Aboul-Khaïr, un Adaï, petit et chétif, n'ayant qu'un arc à la main, s'élança au-devant de son adversaire. La lutte fut courte. et le Kalmouk tomba percé par la flèche de l'habile archer.

Le Kirghiz, qui est devenu le plus fidèle allié des Russes, est honnête et probe. S'il est loin d'avoir la bravoure et le courage du Turcoman, il n'a pas non plus la fausseté qui fait le fond du caractère des Sartes, infiniment plus civilisés, car le nomade n'est guère lettré, et s'il est musulman, il ne connaît pas le fanatisme. Aussi faut-il voir avec quel mépris il est traité par le Sarte, qui le bafoue et ne le juge guère supérieur au chameau, avec lequel il apparaît dans les rues et les bazars des villes.

Dans les pantomimes grotesques, si chères aux Sartes, c'est toujours le Kirghiz qui fait les frais de l'hilarité du public. Curieux comme il l'est de nature, c'est un spectacle amusant de le voir, dans un bazar, manger des yeux les objets de luxe, ou essayer un khalat en se dandinant majestueusement pour jouir du froufrou de l'étoffe neuve, pendant que le Sarte rusé rit sous cape du pauvre Béotien qu'il trompe. Que de fois n'ai-je pas égayé, en assistant à des scènes de ce genre, mes longues stations dans les bazars de l'Asie centrale! Je vois encore ces clans de nomades rassemblés devant les échoppes des marchands de khalats, les vêtements en loques, leurs coiffures fantastiques d'une couleur jaune sale, comme celle de leurs chameaux, contraster de la manière la plus frappante avec les citadins couverts de riches étoffes en soie bariolée et coiffés de turbans d'une blancheur éblouissante.

Mes prédécesseurs dans le steppe kirghiz, soit les quelques voyageurs ayant publié leurs pérégrinations dans le Turkestan, soit même les officiers russes, n'ont vu dans le steppe qu'un pays à franchir le plus vite possible. On trouve dans leurs récits tous les ennuis qu'offrent ces expéditions en hiver comme en été. De fait, ils ont raison, cette manière de parcourir le steppe n'a rien d'attrayant.

Comme horizon, une immense ligne, des poteaux de télégraphe qui ont l'air de s'ennuyer dans cette vaste plaine, et, de vingt-cinq en vingt-cinq verstes, la chétive masure, décorée du titre pompeux de station postale, à laquelle on arrive avec la certitude de se quereller, de jurer et de distribuer des coups de « nágaïka » (fouet en lanières de cuir, à manche très court) pour obtenir des chevaux. Ces colères, qui se reproduisent plusieurs fois par jour,

sont ordinairement les seules émotions qui rompent la monotonie
de l'existence.

Les Kirghiz que le voyageur rencontre aux stations baragouinent

FAMILLE KIRGHIZE.

le russe, boivent de l'eau-de-vie et n'ont gardé qu'un seul terme
qui leur est cher, c'est le « sillaou », qu'ils vous crient en tendant
la main : à ce signe, chacun reconnaîtra le bakchich turc.

Mais, pour donner au lecteur une idée du vrai steppe kirghiz,
je l'engage à me suivre quelques années en arrière, alors qu'à

AYEZ PITIÉ DE NOUS

vingt ans je parcourais ce steppe, allègre, disposé aux aventures, la bourse légère, mais prêt à accueillir toute nouvelle impression avec enthousiasme.

C'était encore le beau temps des sultans, où l'on ne connaissait pas le « volostnoy », c'est-à-dire le député nommé par le pays, cette institution que même aujourd'hui le Kirghiz n'a pas encore comprise et qu'une administration paternelle lui a imposée. A cette époque, le steppe était divisé en trois rayons, ayant chacun son « provitl », ou gouverneur kirghiz, à sa tête. Bay-Mohammed gouvernait le nord; Ian-Tourin, la contrée entre le Volga et l'Oural, et Souleiman-Tiaoukin Sultan, le steppe d'Orenbourg.

J'avais gagné l'amitié de Souleiman, et je fus longtemps l'hôte de ce descendant direct du khan Aboul-Khaïr, qui avait, comme tel, des droits sérieux sur le khanat du steppe. La branche aînée s'étant éteinte, la branche cadette, dont il était le chef, lui devait succéder. Le dernier khan n'avait eu qu'un seul fils, le « kniess « (prince) Ibrahim. Ce prince, élevé au corps des pages à Saint-Pétersbourg, était appelé, par ses éminentes qualités, aux plus hautes fonctions, mais il mourut jeune, regretté par tout le steppe.

L'aristocratie kirghize, dont le khan était le chef, occupait alors douze cents kiditkas environ; tous les membres de cette grande famille, ne s'alliant qu'entre eux, prétendent descendre d'Aboul-Khaïr, et leurs enfants en bas âge connaissent déjà les noms de leurs ancêtres.

Le père de Souleiman, Mohammed-Ali, fut, lui aussi, provitl russe; mais à la suite de basses intrigues il fut arrêté, cassé de ses fonctions, et expia le crime d'une trop grande popularité au fond d'un cachot d'Orenbourg.

Souleiman Sultan, jeune homme intelligent, s'était franchement attaché à moi pendant mon séjour à Orenbourg. Voyant que j'étudiais la langue kirghize avec zèle, il me proposa de venir avec lui au milieu de son aoul et de parcourir, en chassant, sa patrie, dont il me vantait les horizons grandioses.

Par une belle journée, montés sur d'excellents ambleurs kirghiz, nous abordâmes l'immense plaine.

. Notre escorte, une trentaine de Kirghiz, parmi lesquels les serviteurs du sultan menant en main nos chevaux de rechange, formait dans cette solitude un tableau des plus animés, au puissant effet duquel les chevaux mêmes s'associaient en hennissant joyeusement, comme s'ils assistaient à une fête. Notre première étape nous conduisit au Minavnoï-dvor, où, chaque lundi, se tient un marché : là, se dressent en plein vent deux cents boutiques environ, où les marchands russes vendent aux Kirghiz les produits de la civilisation.

Les Kirghiz trafiquent à cheval : l'acheteur et le vendeur

marchandent en élevant successivement les bras; à chaque nouvelle offre, l'acheteur assène un coup du plat de sa main sur la
main du vendeur. Cela dure parfois très longtemps, et quand enfin
ils tombent d'accord, ils se serrent la main, et le marché est conclu.

Les troupeaux destinés à la vente sont parqués autour du bazar :
ici, pour cent roubles, on peut réunir un fort bon attelage de trois
chevaux. L'ambleur, très apprécié par le Kirghiz, vaut, suivant la
course qu'il est capable de fournir, de six à vingt fois le prix d'un
cheval ordinaire.

A en juger seulement par la foule qui encombre les abords, on
dirait que les affaires traitées doivent être considérables. Il n'en
est rien. Pour un Kirghiz qui vient vendre un mouton ou échanger
ses produits contre quelques menus objets de l'industrie russe, il
y a une dizaine d'amis qui tous se mêlent de ses affaires et sont
venus pour assister à une sorte de revue, une « tomacha », si chère
à la curiosité de ces naïfs enfants du désert. Pour eux, crier, gesti-
culer, marchander est un besoin de la vie; ils repartiront les mains
vides, faisant peut-être cent verstes à cheval pour retourner chez
eux, mais heureux, car ils auront quelque chose à raconter au
logis, des nouvelles à répandre.

L'apparition d'un « Frantsousse » parmi cette foule forme bientôt une tomacha toute spéciale. On tâte ses vêtements, on le regarde
sous le nez, et ce n'est qu'avec la plus grande peine que mon sultan
parvient à me dégager de la cohue qui nous entoure.

Nous rejoignons nos montures ; mais, pendant ce temps, la température est tombée à quinze degrés au-dessous de zéro; une bise
mordante nous chasse la neige fine dans la figure et nous empêche
de parler. Le froid devient si vif que je suis obligé de frictionner
activement, pour l'empêcher de geler, la partie la plus proéminente
de mon « visage de cheval », comme disent les Kirghiz; car ces
Asiatiques au nez écrasé, aux pommettes saillantes, trouvent que
la figure étroite et allongée d'un Européen ressemble exactement
à celle de leurs montures.

Le soleil était depuis longtemps descendu sous l'horizon de la
plaine glacée, et la lune montait lentement, lorsque nous vîmes les
yourtes de l'aoul, vers lequel nous nous dirigions, se profiler sur
le ciel comme d'énormes taupinières blanches; les hennissements
des chevaux et les cris de joie des cavaliers venant à notre rencontre en exécutant la « fantasia » kirghize nous accompagnèrent
jusque dans l'aoul où le sultan était attendu. Nos chevaux s'arrê-
tèrent devant la plus grande tente, transformée en salon de récep-
tion, où une chaleur des plus agréables nous attendait.

« Salem aleikom, » me dit mon hôte en me serrant les deux
mains, quand nous passâmes le seuil de son « home », « tu es chez
toi, ami venu de loin. Pour la première fois, tu honores Souleiman
de ta visite; que ton arrivée soit bénie ! »

Sés serviteurs nous débarrassent de nos lourdes peiisses, rem-
placées par des robes de chambre légères et des pantoufles du pays
préalablement chauffées.

Le feutre blanc de la yourte est couvert de riches tapis, sur lesquels sont suspendus des fusils anglais, ainsi que les armes
nationales : l'aïbalta, la lance, le sabre courbe et de riches harnais
de chevaux. Les feutres épais, étendus sur le sol, disparaissent
sous des tapis aux couleurs voyantes ; au centre se trouve un grand

SULTAN KIRGHIZ.

brasier de charbons ardents. Nous nous asseyons à l'orientale sur
des coussins placés vis-à-vis de l'entrée.

Peu à peu, la yourte se remplit de monde ; ce sont les frères,
les amis et les parents du sultan, qui me nomme les plus in-
fluents.

Après avoir bu le thé traditionnel, Souleiman, d'un signe, engage les spectateurs à s'asseoir à leur tour. Mœurs patriarcales
s'il en fut ! le frère cadet même n'osant s'asseoir en présence du
chef de famille que s'il y est invité !

Lorsque nous nous sommes suffisamment accablés de compliments, comme c'est l'usage en Orient, un officier nous présente un

grand bassin ; un second, portant une aiguière, nous verse de l'eau tiède sur les mains : un troisième le suit, armé d'un essuie-mains. A peine ont-ils disparu qu'une file de serviteurs fait son entrée dans la tente, chacun portant un vaste plateau qu'il dépose à nos pieds. C'est un festin capable de rassasier un escadron, et pourtant il n'y a que l'amphitryon et moi qui mangions.

Un officier de bouche, armé d'un couteau, tranche les viandes, puis les partage avec ses doigts sur le plat. Il y a du mouton et du cheval ; ce n'est pas la vieille rosse que nos pauvres mangent en

COSAQUES D'OURALSK.

Europe : c'est la viande succulente du poulain engraissé qu'on garde pour les grandes occasions ; mais le mets le plus apprécié, celui qui ne figure qu'aux festins, c'est le jeune chameau. Ce plat est accompagné de montagnes de riz préparé aux carottes et aux raisins secs : c'est le plat national, que le Sarte appelle palau, pilaou ou pilaf.

La politesse exige qu'on se bourre de nourriture ; on m'excite sans relâche à manger, et si j'y mets quelque hésitation, Souleiman, de sa main, choisit les morceaux les plus gros pour les porter à ma bouche. Repu, gorgé, c'est à peine si je respire, et les plats continuent à se succéder avec une profusion désespérante. Mais quand, pour terminer dignement ce repas pantagruélique, on nous présente, dans des coupes chinoises, du thé avec de la graisse de mouton délayée, je me sens à bout de forces.

Plutôt mourir que d'avaler cet émétique. Je saisis le moment où mon hôte se retourne pour verser la traîtresse boisson sous le feutre qui me sert de siège. Nos spectateurs ayant, par respect, quitté la yourte pendant ce repas, je pus faire chercher dans mes provisions quelques bouteilles de « nalifka », cette liqueur chère aux Kirghiz, mais que le sultan boit à huis clos, comme la plupart des musulmans.

Souleiman, devenu très familier, grâce à l'intervention de mes flacons d'eau-de-vie, m'octroya le plus grand honneur qui puisse échoir à un chrétien : il m'exprima le désir de me présenter son épouse favorite.

A son entrée dans la tente, Fatmé m'éblouit par sa beauté et la richesse de son costume.

C'était une femme d'une vingtaine d'années, au teint frais, au corps admirablement proportionné; sur la tête, elle portait une coiffure de forme cylindrique en velours rouge, littéralement couverte de pierres précieuses et bordée dans le bas de zibeline; une pointe, semblable à celle des anciens colbacks hongrois, terminée par une turquoise d'une dimension rare, retombait sur l'oreille gauche. Comme signe distinctif de son autorité, la favorite avait sur sa coiffure une aigrette de plumes de héron et d'autruche. — Nous nous levâmes à son entrée. Après m'avoir gracieusement souhaité la bienvenue, elle m'engagea à prendre place à ses côtés, et voyant que j'admirais et sa personne et sa toilette, un sourire de satisfaction me montra ses jolies dents pointues. C'est avec un plaisir évident et une coquetterie toute féminine qu'elle me fit remarquer les détails de son costume. Du sommet de sa toque, des voiles en mousseline bordés de franges d'or retombaient sur les épaules. Une espèce de chasuble en satin blanc, semblable à celle des prêtres, garnie de larges galons d'or et d'une frange en or massif, fixée derrière la coiffure, descendait jusque sur ses genoux. Sous cette chasuble, on apercevait un « sarafan » en brocart d'or. Ce costume gracieux était complété par un pantalon de soie blanche très mince, brodé d'or et serré à la cheville; les bottines, très petites, en maroquin rouge, étaient également couvertes de broderies d'or et de pierres fines.

Fatmé se laissa admirer avec complaisance, en recevant candidement les compliments ampoulés que je forgeais à la sueur de mon front à la face de mon ami.

Je comparais ses dents aux perles, ses yeux aux étoiles, son sourire au soleil levant et sa figure à un fromage suisse. J'étais à bout de métaphores après cette dernière comparaison ; mais l'aimable dame trouva encore quelque chose à recommander à mon admiration. Une femme mariée n'oserait jamais montrer ses cheveux ; mais, désirant compléter la bonne opinion que j'avais d'elle, Fatmé voulut bien me faire voir le bout d'une de ses tresses, noires comme du jais. Je la saisis délicatement, mais non sans la tirer malicieusement assez fort pour m'assurer si elle était vraie ou fausse. — Même en Europe, une femme aurait été très fière de cette chevelure. — Un assez long silence suivit et me fit sentir que mon tour était venu de lui donner une bonne opinion, sinon de ma personne, du moins de mon pays et de son monde féminin. Je portais alors à mon cou un médaillon renfermant un portrait de femme; je le lui montrai; en me le rendant : « C'est là ta favorite ? dit-elle. Est-ce toi qui as fait son image ? — Mais non, lui répondis-je très étonné. C'est un peintre de ma patrie. — Cette femme ne t'aime point, puisqu'elle se montre à un autre si peu vêtue. » — Cette miniature représentait une Européenne en toilette de bal, et, sans le savoir, cette fille du désert avait deviné juste.

Son étonnement fut grand lorsque je lui racontai que, dans nos rénions, toutes les femmes sont habillées le moins possible, et surtout quand je lui fis la description de nos bals, où une femme passe d'un bras à l'autre. Mais son seigneur et maître ne parut pas goûter le tour que prenait la conversation. Il fit un signe, la portière s'ouvrit et livra passage à trois « kisdars », jeunes filles, parentes de Fatmé, en grand costume national.

La plus grande vint se placer à ma gauche. Examen fait de ma voisine, elle me plut. Ses yeux n'étaient pas grands, mais expressifs et d'un noir de jais ; si son nez manquait de plastique, il avait des ailes mobiles, et les dents étaient d'une blancheur remarquable ; avec sa petite tête surmontant un corps admirablement proportionné, c'était en somme une femme fort attrayante. Son costume, sauf la chasuble et le colback, était semblable à celui de Fatmé ; elle portait le nom mélodieux de Khalisa. Après s'être assise, elle me présenta ses deux mains blanches, que je serrai, ma foi, très cordialement. Cette hospitalité me paraissait charmante.

On servit du thé, des sucreries, des fruits secs, des pistaches et des amandes, dont ma voisine cassait les noyaux avec ses dents pour me les offrir ensuite. Confortablement accroupi sur mes coussins, je prenais mon rôle de sultan au sérieux.

Peu à peu, les invités firent leur apparition dans la tente. Deux jeunes gens, vêtus de khalats et de bonnets blancs, s'avancèrent au centre de notre cercle. Le premier se mit à genoux, une « doumbra », espèce de mandoline, en main, pour accompagner son camarade, qui, après s'être prosterné, entonna une complainte en mon honneur.

Cette improvisation cadencée ne manquait ni d'originalité ni de mélodie.

Je témoignai toute ma gratitude, tant à mon hôte pour son attention qu'au troubadour pour son talent ; on me demanda alors un autre sujet d'improvisation. Le motif était trouvé : il était assis à côté de moi ; je priai donc qu'on chantât la beauté de Khalisa.

Il paraît que le sujet de cette seconde improvisation était plus du goût du troubadour que la première, car elle fut d'une longueur excessive, ce qui me permit de passer en revue le public dont la tente était bondée. Derrière nous se trouvaient les femmes, séparées des hommes par un petit espace libre ; puis venaient les jeunes gens, placés selon leur rang et leur position sociale, vêtus de leurs costumes de cérémonie, où toutes les couleurs de l'arc-en-ciel se donnaient rendez-vous.

Si le type mongol empêche les femmes de prétendre à la beauté

ATTELAGES DANS LES SABLES.

parfaite, il dote les hommes d'une laideur repoussante. Leurs petits yeux noirs, comme percés dans le crâne à l'aide d'une vrille, sans sourcils et sans paupières ; leurs faces aplaties, à pommettes saillantes, semblent vous dire que leur maman, à leur naissance, s'est assise sur leur face afin d'y imprimer le sceau du type national. Si l'on ajoute à cela que la plus grande partie de l'auditoire était grêlée par la petite vérole, on en aura une idée assez complète.

Dans le fond, j'aperçois un gaillard taillé en hercule, avec une balafre qui lui coupe la figure en deux, vêtu de peau de la tête aux pieds. On me dit que c'est un célèbre voleur de chevaux, l'effroi des Kirghiz à plus de cinq cents verstes à la ronde. Cet illustre brigand a épousé une femme qu'il avait enlevée aux Adaïs, et, depuis ce moment, il est doux et soumis comme un agneau. Ainsi,

LA YOURTE ET SES HABITANTS.

même dans les déserts, on voit revivre la tradition d'Hercule et d'Omphale !

Le concert terminé, on passa aux jeux. Dans ce but, un khan, ou roi, fut désigné par Souleiman, et l'on adjoignit à ce « maître des plaisirs » deux sultans, en guise d'aides de camp, pour maintenir l'ordre. Comme signe de sa royauté, une couronne de papier doré lui fut octroyée, tandis que les sultans se coiffèrent de turbans blancs.

L'avènement du khan fut fêté par un ordre qui enjoignit à tous ses sujets d'embrasser leurs compagnes, afin que la sympathie régnât dans son royaume.

Cet ordre fut exécuté promptement, et non sans rire. Le second « oukase » fut plus rigoureux : il ordonnait aux Kisdars d'embrasser leurs « djiguites » (choisis); et à cette occasion il y eut bien, de côté et d'autre, quelques réclamations, non sans de nouveaux accès d'hilarité.

Là-dessus, on apporta une vertèbre de mouton; si, lancée en l'air, elle retombait de côté, le joueur perdait; si elle tombait debout, il avait le droit d'exiger quelque chose de sa voisine. C'était un jeu de pile ou face, où le perdant devait exécuter les désirs du gagnant. Je perdis, et la belle Khalisa me pria de chanter un air national de ma patrie.

La vertèbre fit ainsi le tour de la société. Un gros docteur militaire d'Orenbourg fut condamné à imiter un chien, et les sultans se donnaient le malin plaisir de le châtier de leurs fouets toutes les fois qu'il faisait mine d'arrêter ses aboiements lamentables. Quand il fut à bout de forces, on changea de jeu ; il s'agissait alors de retirer avec les dents une pièce d'argent jetée dans un bol plein de lait caillé, et la difficulté de l'opération excitait naturellement d'immenses éclats de rire.

Tous ces jeux ressemblaient d'une manière frappante à nos jeux innocents de l'Europe civilisée. Les avons-nous pris des Orientaux ou bien leur sont-ils venus de l'Occident ? Je pencherais plutôt pour la première hypothèse.

Les jeunes filles s'étant assises en cercle et ayant étendu une pelisse sur leurs genoux, on cacha un mouchoir de poche qui avait préalablement fait le tour sous la pelisse. Aux assistants à désigner l'endroit où il se trouvait. Quand le tour du docteur fut venu, son bras disparut sous la pelisse jusqu'à l'épaule, mouvement inconscient d'une âme candide, qui fut immédiatement suivi d'un soufflet sonore. Si la cause en fut inconnue, l'effet fut le prétexte d'un fou rire général, auquel le docteur seul ne s'associa pas.

A mesure que la soirée s'avançait, les jeux devenaient plus animés et plus bruyants, probablement sous l'influence du « koumiss » qui avait circulé, et je compris que le moment était venu de me retirer.

En prenant congé de ma charmante voisine, je remarquai une bague à son doigt, et comme je lui en demandais l'origine, elle l'ôta et me l'offrit : « Prends, dit-elle, c'est une pauvre fille du steppe qui te l'offre. Puisse-t-elle, à ton doigt, serrer toujours une main amie ! c'est le souhait de Khalisa. »

A mon tour, je détachai de ma montre une veille relique et la lui remis en disant : « Tu la donneras à celui que tu aimeras, et je souhaite qu'il soit digne de toi. »

Qu'est-elle devenue, cette fière amazone, avec laquelle plus tard j'ai fait tant de bonnes chevauchées dans le désert? Je la vois encore, le jour où je lui dis adieu, à cheval, debout sur ses étriers, une main sur le front, l'autre sur le cœur. — C'est un bon souvenir du steppe que je viens de faire revivre. Il m'est revenu comme une bouffée de jeunesse en écrivant le nom de Khalisa.

D'ORSK A KAZALINSK.

Le défaut capital du Kirghiz, c'est d'être curieux et bavard. Une tomacha — je crois avoir dit que ce terme désigne toute réjouissance, tout spectacle fourni à la curiosité publique — a le don de l'attirer à des centaines de verstes à la ronde.

Le passage du général était une tomacha; on accourait donc de tous côtés pour le voir. A son précédent passage, près de quatre mille cavaliers s'étaient rassemblés pour l'accompagner; la poussière qu'une semblable escorte fait avaler à ceux qui en sont honorés l'avait décidé, cette fois, à donner des ordres pour empêcher ces attroupements.

Entre Orsk et la mer d'Aral, il n'y a qu'un poste habité : c'est le fort Irghis, petite citadelle bâtie au centre des sables; c'est bien l'endroit du monde le plus lugubre que j'aie rencontré de ma vie; derrière des remparts en terre, une série de petites cahutes à toits plats, quelques misérables boutiques et les casernes. Tout autour, le désert sans fin; pas un atome de végétation. Nous entrons dans le fort par un brillant clair de lune, escortés d'une « sotnia » de cosaques, étendards en tête, qui sont venus recevoir le général. L'Uyesny Natchalnik (chef de district) a bien fait les choses : à chaque fenêtre du fort, une chandelle allumée nous rappelle faiblement l'illumination de Moscou pendant le couronnement. Devant le logis du commandant, la garnison est rangée en bataille, la musique joue, des députations indigènes présentent le pain et le sel; puis chacun cherche à se caser le mieux possible. Nous logeons chez le commandant, où une série de délices nous attendent : d'abord, et avant tout, nous allons pouvoir nous laver et changer entièrement de linge, car la poussière et le sable nous ont couverts d'une couche de boue à nous rendre méconnaissables; nous savourons ensuite un repas chaud, et enfin nous renouons connaissance avec un vrai lit, exempt des affreux cahots du tarantasse.

Malheureusement, tout ce luxe des gens civilisés sera de courte durée, et nous avons l'occasion de constater, une fois de plus, qu'il n'y a pas de médailles sans revers, surtout dans le steppe.

C'est une ménagerie d'insectes connus et inconnus qui se chargent de la démonstration aux dépens de notre peau, et cette invasion me remet en mémoire le temps où, arrivé à Kasan, je dus

COSTUMES D'HIVER DANS LE STEPPE.

faire le sacrifice de mes cheveux et de tous mes bagages pour me débarrasser des compagnons de route qui, durant mes pérégrinations, avaient pris le soin de me rappeler que je voyageais en Orient. On doit s'y habituer cependant, comme à tout dans ce monde, car la femme de notre hôte, le lendemain, nous demanda avec une grande naïveté si nous avions bien reposé : elle ne plaisantait pas le moins du monde.

Quelle existence que celle d'une famille d'officiers dans ces fortins du désert ! Les plus simples des objets nécessaires à la vie doivent être tirés d'Orenbourg ; l'eau même est à peine potable ; elle est saumâtre. La gloire de nos hôtes est un rosier, le seul représentant de la végétation à cent verstes à la ronde ; aussi faut-il voir de quels soins on l'entoure ! Pour vivre de cette vie, il faut être ou très philosophe ou entièrement hébété.

A partir d'Irghis, nous commençons à entrer dans les sables mouvants avec trois stations où les chevaux de poste sont remplacés par des chameaux: tristes étapes faites avec une lenteur désespérante, le chameau ne marchant qu'au pas et en poussant

KHALISA.

cet horrible cri, si énervant à la longue, que peuvent seuls apprécier ceux qui ont eu le rare privilège d'être charriés à l'aide de cette bête.

Dans les sables, où aucune végétation ne prospère, la faune se réduit à quelques grands aigles qui planent sur les cadavres; nous en rencontrons d'énormes; malheureusement nos carabines à longue portée étaient avec le gros bagage; nous n'avions que des armes à canon lisse, avec lesquelles nous avons cependant salué ces rôdeurs. Par un heureux hasard, nous sommes tous de passionnés chasseurs, et le général lui-même ne dédaigne pas de faire ie coup de fusil. A l'approche de la mer d'Aral, la faune

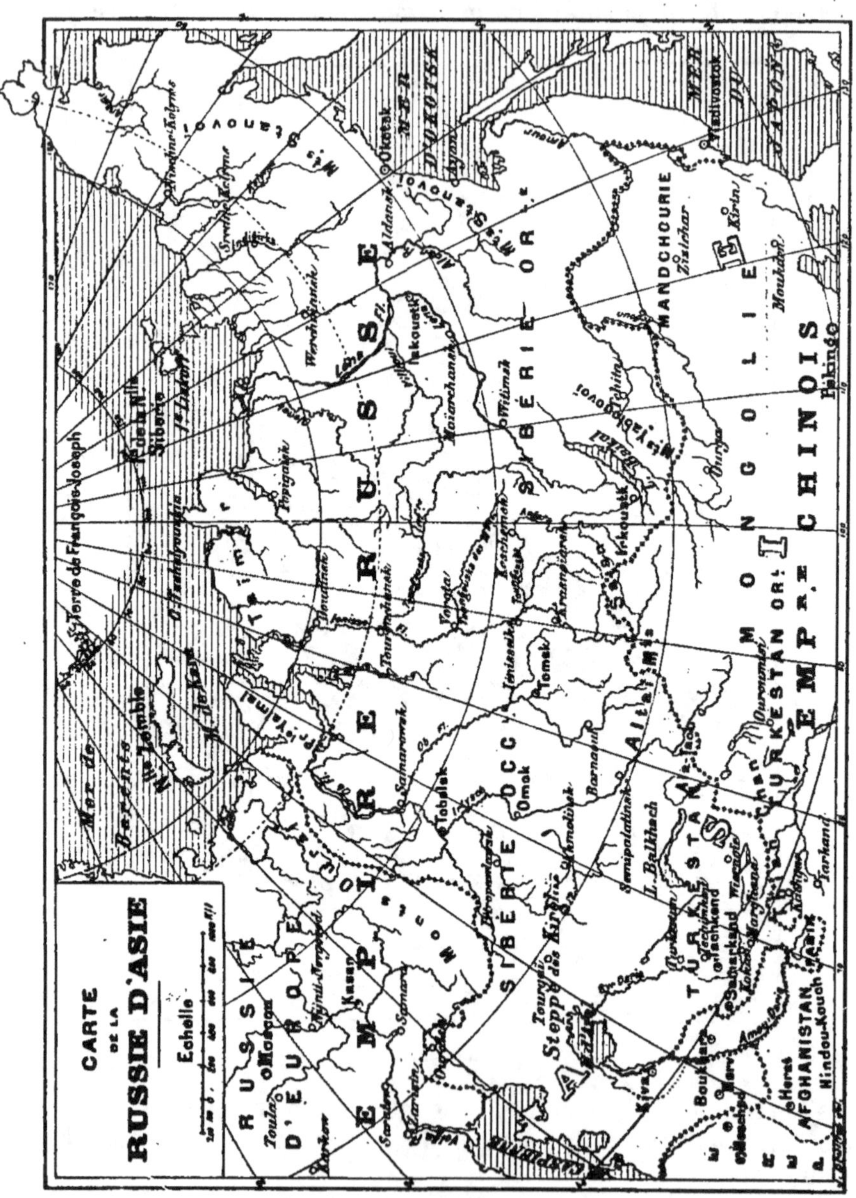

augmente : ce sont des vols de perdix du steppe, précieux oiseaux qui ressemblent plutôt à nos ramiers, et des étourneaux de toute espèce. Les petits lacs salés sont littéralement couverts d'oiseaux aquatiques : courlis, râles, bécassines, canards, oies, hérons et pélicans. A de grandes distances dans le steppe, nous apercevons des saïgaks de la grandeur du daim, aux cornes annelées, noires, la tête et le cou gris, le ventre blanc et le dos brun foncé; gracieuses antilopes qui se tiennent, hélas! hors d'atteinte; on les chasse à cheval avec les beaux lévriers kirghiz.

Enfin, nous voici arrivés au bord de la mer d'Aral. Là, sauf quelques mouettes qui planent au-dessus de la vaste nappe d'eau, tout est mort et d'une infinie tristesse : ni montagnes ni végétation ne viennent varier la nudité de cette solitude.

La nécessité de constituer un conseil de guerre retenant le général Tcherniaeff pour trois jours à Kazalinsk, nous les employons à nous reposer; cette première halte n'est pas de trop, car nous étions sur les dents; les débuts de pareils voyages sont toujours durs, et ce n'est que par degrés que le corps s'habitue aux cahots du tarantasse; ces premières mille verstes parcourues nous l'avaient appris à nos dépens.

Le conseil de guerre devait juger une grave affaire qui s'était passée peu de jours avant notre arrivée à Kazalinsk. L'adjudant de place, sa femme et une petite fille avaient été assassinés; le mobile du crime était évidemment le vol. Les soupçons s'étaient aussitôt portés sur d'anciens marins de la flottille de l'Aral, incorporés dans les bataillons de Kazalinsk.

Les trois coupables cités devant le conseil de guerre avouaient leur crime, commis dans d'horribles circonstances. L'adjudant avait été massacré à coups de hache, sa femme et une petite fille de sept mois assommées avec une barre de fer. Le conseil de guerre les condamna à être fusillés, et la sentence fut exécutée le lendemain sous les yeux d'une grande affluence de citadins et de nomades des environs. J'arrivai sur le lieu de l'exécution au moment où les trois coupables, nu-tête, portant une planche sur la poitrine avec le mot *meurtrier*, faisaient leur confession. La garnison avait formé les trois côtés d'un grand carré, le quatrième restant ouvert; là se trouvaient trois fosses creusées dans le sable; derrière chaque fosse un grand poteau noir.

J'ai pu considérer de près les trois condamnés; jamais je n'ai vu figures plus indifférentes et plus apathiques, plus étrangères au repentir. Ils s'approchèrent de leurs tombes du pas assuré que donnerait une conscience tranquille. L'un des trois, celui qui avait conçu le crime, mesurait de l'œil la profondeur de la fosse. Certes, les physionomies des assistants manifestaient plus d'émotion que la sienne.

Le peloton d'exécution s'avança à quinze pas des poteaux, et l'on procéda à la dernière toilette des condamnés. On leur passa sur la tête une cagoule formant une espèce de bonnet pointu rabattu sur la figure, qui les couvrait tout entiers. Une fois revêtus

de cet horrible linceul, on voulut les faire marcher jusqu'au pied
des poteaux; mais alors on s'aperçut que ces chemises, étant trop
étroites, les empêchaient de mouvoir leurs jambes; on dut les
ôter, besogne à laquelle le plus rapproché de moi se prêta de son
mieux. Puis il fallut leur faire gravir les tas de sable, remettre le
lugubre fourreau, les placer devant les poteaux, enfin les attacher
par les jambes et par le milieu du corps. Tout cela me parut durer
un temps horriblement long; enfin, les soldats s'étant éloignés,
nous avions les trois condamnés devant nous, se détachant en
noir, comme d'affreux mannequins, sur le fond jaunâtre de l'immense désert.

Le tambour se mit à rouler, et je crois que j'entendrai toute ma
vie le feu du peloton : la justice humaine était satisfaite... Quand
la fumée se dissipa, le cadavre le plus près de moi, retenu seulement par les jambes, vacillait dans le vide, les balles ayant coupé
les autres liens; le second, retenu au poteau, avait la tête inclinée
en avant; le troisième avait roulé dans la fosse.

Je m'éloignai; je sentais mes genoux se dérober sous moi. Quant
aux indigènes, c'étaient de bons musulmans; leurs visages res-
taient impassibles.

Kazalinsk ne devait pas nous laisser de bons souvenirs : mal
logés, mal nourris et littéralement étouffés par l'épaisse poussière
qui obscurcit ici le ciel, nous fûmes tous enchantés quand le
général donna le signal du départ.

Henri MOSER.

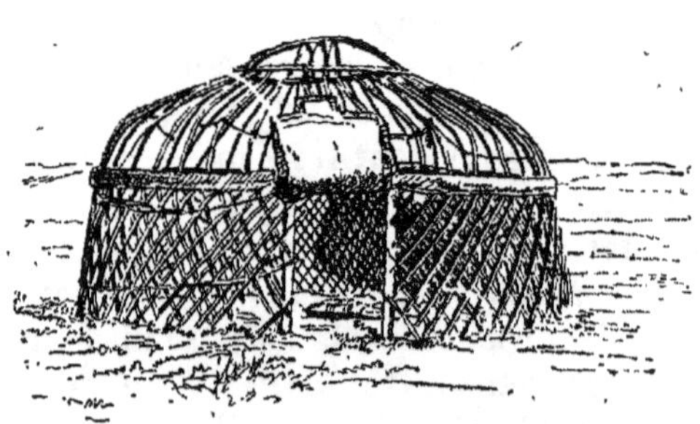

CHARPENTE DE LA YOURTE.